Reinaldo Domingos

O CAMINHO PARA A ESCOLA

UMA HISTÓRIA SOBRE EDUCAÇÃO PARA O TRÂNSITO COM EDUCAÇÃO FINANCEIRA

Ilustrações: **Vanessa Alexandre**

dsop editora

AUTOR: REINALDO DOMINGOS
ILUSTRAÇÕES: VANESSA ALEXANDRE
COORDENADORA EDITORIAL: RENATA DE SÁ
ROTEIRISTA: GÍLSON YOSHIOKA
EDITORES DE TEXTO: ALESSANDRA BORGES, ANDREI SANT'ANNA,
FABIANA OLIVEIRA E MARIANA CARDOSO
ASSISTENTE EDITORIAL: LAILA MASCARENHAS
PROJETO GRÁFICO E DIAGRAMAÇÃO: BRUNO ATTILI
EDITORA DE ARTE: MARISA CORAZZA
REVISORA: ALINE ARAÚJO

Dados Internacionais de Catalogação na Publicação (CIP)
(Câmara Brasileira do Livro, SP, Brasil)

Domingos, Reinaldo
O caminho para a escola : uma história sobre educação para o trânsito com educação financeira / Reinaldo Domingos ; ilustração Vanessa Alexandre. -- São Paulo, SP : Editora DSOP, 2023.

ISBN 978-85-8276-371-1

1. Educação 2. Educação financeira 3. Educação para segurança no trânsito I. Alexandre, Vanessa.

23-145926 CDD-370

Índices para catálogo sistemático:

1. Educação para o trânsito 370

Tábata Alves da Silva - Bibliotecária - CRB-8/9253-0

dsop editora

RUA ALBA, 88 - PARQUE JABAQUARA - SÃO PAULO - SP
BRASIL - CEP: 04346-000
WWW.EDITORADSOP.COM.BR
WWW.DSOP.COM.BR

Toda manhã é assim: Nico vai para a escola de van escolar acompanhado da irmã Letícia, a Lelê. Mas, naquele dia, houve um problema com o motorista e Maria, a mãe deles, teve de levá-los.

Durante o trajeto, Nico passou a se interessar cada vez mais pelo trânsito e a pensar na segurança de adultos e crianças que circulam pela cidade.

Ao se aproximar da entrada da escola, Nico notou uma grande confusão — maior que a habitual:

Bi-biii!!!! Fom- fommm!!!
Vrum, vrum, vrum...

Como outros pais também tiveram problema com a van escolar, precisaram levar os filhos deles de carro para a escola.

Com o congestionamento, alguns carros ficaram parados no meio da rua, outros estacionados em local proibido, motoristas buzinando... Motos e bicicletas passando pelos carros de forma perigosa, ônibus com dificuldade para estacionar e crianças saindo do carro e atravessando a rua sem cuidado.

Quando, finalmente, Maria conseguiu parar o veículo em um local seguro e adequado, o garoto pensou: “Isso não pode ser assim!”.

Nico entrou na sala de aula e a professora Joana já tinha começado a passar o conteúdo do dia, mas, como vários alunos se atrasaram por conta do engarrafamento do lado de fora, a professora encontrou uma oportunidade de abordar a educação para o trânsito.

Nico e seus colegas não eram os únicos a enfrentar problemas no trânsito. Os funcionários da escola e os professores passavam por essa situação difícil frequentemente.

Depois do recreio, a sala de aula estava organizada de um jeito diferente e com o projetor ligado.

— Turma, vamos aproveitar a situação que alguns colegas trouxeram para a aula e falar sobre um trânsito mais seguro: motoristas, passageiros e pedestres devem obedecer às leis de trânsito. Só assim teremos uma cidade mais segura, rápida e eficiente — iniciou a professora Joana.

Ela, então, passou a explicar sobre diversas situações no trânsito.

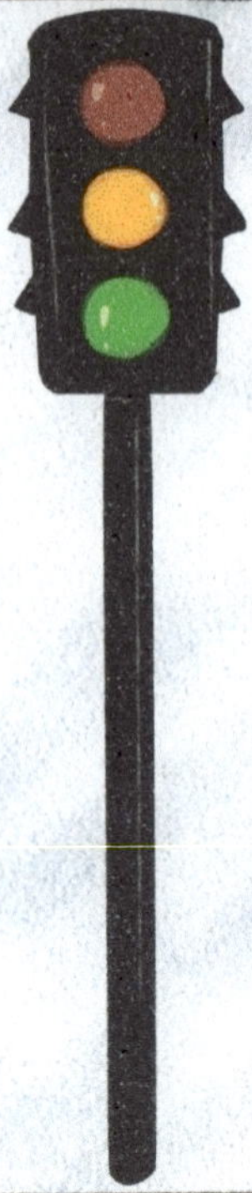

Semáforo

O semáforo, também conhecido como sinal, sinaleira e farol, orienta os condutores e os pedestres nas ruas.

Para os motoristas e os motociclistas, o semáforo apresenta três cores: verde, que significa "avance"; amarelo, que quer dizer "atenção" (porque o sinal em breve vai ficar vermelho, então é preferível que se pare); e vermelho, "pare".

Depois da apresentação sobre o semáforo, as crianças ficaram com dúvidas:

— Mas, professora, eu por enquanto só brinco com carrinhos e não dirijo carros de verdade — constatou Nico.

— Sim, mas todos precisam respeitar os faróis: o motorista da van escolar, quem está dirigindo automóveis, seus pais, vocês e os pedestres, para que acidentes não ocorram. Existe um semáforo específico para a faixa de pedestres, que tem só duas cores: verde e vermelho.

— Só duas, professora? — quis saber Ana Tomoko.

— Sim. A pessoa deve aguardar o sinal verde de pedestres para atravessar a rua. Se, durante a travessia, o vermelho começar a piscar, é melhor apertar o passo, pois o fechamento está próximo.

— E quando não encontramos faixa de pedestres ou farol? — questionou Fred.

— Antes de atravessar qualquer rua, é preciso sempre olhar para os dois lados. Uma orientação que dou a vocês é: atravessem sempre longe de curvas — ensinou a professora antes de mostrar a próxima tela.

Como uma criança deve se comportar em um veículo

As crianças têm de ficar sentadas no banco de trás, usando cinto de segurança ou em cadeiras indicadas para a faixa etária delas.

Para sair do veículo, devem aguardar o motorista parar o carro completamente, destravar a porta e autorizar a saída de todos.

Crianças e adultos não devem abrir o vidro, colocar a cabeça, os braços ou o corpo para fora do veículo — pela janela —, porque isso pode provocar acidentes.

A palavra “acidente” fez Olívia se lembrar de já ter ouvido falar que placas de trânsito ajudam a evitá-los. Ela perguntou para a professora Joana se estava certa.

— Certíssima, Olívia! Algumas placas são colocadas justamente para evitar acidentes; outras, para organizar o tráfego e permitir maior fluidez dos veículos; existem ainda aquelas que ajudam a direcionar os condutores.

Parada obrigatória

Aeroporto

Animais

Sentido proibido

Proibido ultrapassar

Velocidade máxima permitida

Proibido parar e estacionar

Proibido estacionar

Abastecimento

Passagem sinalizada de escolares

— Eu acho que já vi uma placa com a velocidade máxima permitida naquela rua e outra com um “E” riscado — contribuiu André.

— Esta significa proibido estacionar — completou a professora.

Outros meios de transporte

Apesar de muitas crianças usarem a bicicleta, o barco e até os cavalos nas horas de lazer, eles também são meios de transporte utilizados em várias cidades do mundo.

Algumas crianças — acompanhadas pelos pais ou por um responsável, e com equipamentos de segurança, como capacetes, cintos de segurança, salva-vidas, joelheiras — os utilizam, por exemplo, para ir à escola e a outros lugares.

— E o avião, professora? Não é perigoso? — falou, com curiosidade, Ana Tomoko.

— Na aviação comercial, Ana, o principal é a segurança dos passageiros e dos tripulantes, e as pessoas, em geral, respeitam as regras. Quem dera que no trânsito nosso de cada dia todo mundo agisse assim...

Ao ouvir as explicações da professora, Nico percebeu que ele e os colegas poderiam usar o que aprenderam em aula para melhorar o trânsito do lado de fora da escola.

Lembrando-se de que o avô Amadeu ensinou os quatro pilares da **Metodologia DSOP - Diagnosticar, Sonhar, Orçar** e **Poupa**r - para realizar um sonho, Nico pensou: “Isso poderia ser um sonho da turma toda”.

Como no primeiro pilar, **Diagnosticar**, é necessário **olhar bem de pertinho,** identificando os recursos que eles têm e de que precisam, Nico conversou com os amigos, que combinaram de chegar 20 minutos mais cedo à escola no dia seguinte para observar a rua.

Na hora do jantar em casa, Nico mencionou os planos para o mais novo projeto da sala: "Um trânsito mais seguro". E pediu que a mãe dele o levasse novamente de carro para a escola.

— Claro, filho!

— Que legal, Nico! Você vai fazer essa atividade sozinho? — perguntou Letícia, a irmã mais velha.

— Não, Lelê. Vou fazer com os meus amigos.

— Que bom, Nico! Tem muita coisa para observar no trânsito e eles vão ajudar. Algumas delas, como esperar o sinal abrir, a gente já fazia quando brincava com carrinhos, lembra? Até o Titi também já brinca assim! — disse ela.

No dia seguinte, para iniciarem o **primeiro pilar**, Nico pediu à sua mãe que o levasse à escola no horário combinado com os amigos.

No carro, depois de sentar no banco de trás e colocar o cinto de segurança, Nico aproveitou para tirar algumas dúvidas.

Depois da aula do dia anterior, o menino via, com mais atenção do que nunca, as ruas.

Nico começou a sentir calor.

— Mãe, não consigo abrir a janela do carro.

— Nico, eu deixei a janela travada.

— Você pode destravá-la, por favor?

— Não, filho. Para nossa segurança é importante sempre manter o vidro fechado. Vou ligar o ar para refrescar um pouco.

OLÁ

Do carro, Nico viu André, Ana Tomoko, Fred e Olívia em frente à entrada da escola. Ao descer do carro, os amigos se cumprimentaram, e cada um passou a observar a passagem dos veículos, a chegada de alunos e professores.

Nico viu alguns adultos parando em fila dupla: essa era a principal causa da lentidão no trânsito!

— A fila dupla atrasa a chegada de alunos à escola e impede a passagem de outros carros pela rua, e o estacionamento apropriado de vans escolares — apontou Nico.

E
LMN 1234

— Em vez de atravessarem a rua pela faixa de pedestres, muitos alunos andam entre os carros — alertou André.

— Desse jeito, os estudantes correm o risco de serem atingidos por carros, motos ou bicicletas! — constatou Fred.

— Os pedestres só podem andar na calçada ou atravessar a rua pela faixa — disse Tomoko.

— Antes de atravessarem a rua, precisam olhar para os dois lados — lembrou Olívia.

Nico percebeu que alguns carros estavam estacionados em um local onde havia uma placa de "proibido estacionar" e que, portanto, os motoristas poderiam ser multados.

— Esse é um dos motivos pelos quais as vans escolares chegam com as crianças e os motoristas não encontram lugar para estacionar para os alunos descerem!

Ali era permitido apenas parar, isto é, deixar rapidamente alguém, sem o motorista sair do carro. Fred notou que esse não era o caso: os condutores não estavam dentro dos veículos.

Para o projeto da sala, os amigos e toda a turma começaram a trabalhar na campanha.

“Este seria o **segundo pilar: Sonhar**. O meu sonho é um trânsito melhor, mais rápido e mais seguro para alunos, professores e funcionários da escola!”, pensou Nico.

Nico percebeu a necessidade de cartazes, faixas e panfletos para a conscientização geral, além de saberem quais materiais seriam necessários e os valores para adquiri-los:

— Uma palestra na escola também seria bastante útil para todos — refletiu.

— E também seria legal se alguns pais pudessem ajudar nessa organização — contribuiu André.

— A escola poderia ligar para os agentes de trânsito para também ajudarem — concluiu Ana Tomoko.

Com a aplicação do **terceiro pilar: Orçar**, será possível reunir todas as informações e analisar os caminhos para execução desse projeto.

5 ORIENTAÇÕES PARA UM TRÂNSITO MAIS SEGURO

AJUDE A COMUNIDADE ESCOLAR:
NÃO PARE EM FILA DUPLA

Como Nico e os amigos conseguiriam o dinheiro para o projeto?

Para a alegria do menino, o avô Amadeu fez uma visita--surpresa na saída da escola.

— Vô, que bom que você está aqui! Estou com algumas dúvidas a respeito de como realizar o sonho de melhorar o trânsito na minha escola.

— Nico, tudo bem, meu netinho? Você se lembra dos quatro pilares da **Metodologia DSOP**?

— Sim, me lembro: **Diagnosticar**, **Sonhar**, **Orçar** e **Poupar**!

— Isso mesmo! Quais são as suas dificuldades, Nico?

— Vô, precisamos ensinar as pessoas a se comportarem melhor no trânsito. Mas não temos o dinheiro necessário para comprar os materiais.

— Você pode levar comidas e doces mais saudáveis de casa em vez de comprar lanches e guloseimas na escola — sugeriu o avô.

— Boa ideia, vovô!

— E também pode verificar se a escola tem alguns dos itens para emprestar — disse Maria.

Após tirar as dúvidas com o avô, Nico descobriu que precisava comprar poucos itens!

Ao colocar as estratégias em prática, ele percebeu que, para realizar esse sonho coletivo, só faltava o **quarto pilar**: **Poupar**.

Passou a ser o fiscal da economia de casa e falou para os amigos fazerem o mesmo para terem os valores para realizar o sonho.

Com o dinheiro economizado, a turma conseguiu comprar os itens que faltavam.

Cantina

No dia seguinte, na escola, a apresentação do projeto de Nico, Ana, André, Fred e Olívia foi um sucesso!

Pais, funcionários, alunos e até alguns moradores da vizinhança assistiram à palestra e ficaram impressionados com as crianças.

Os cartazes serviam como um lembrete diário de bom comportamento no trânsito.

Alguns pais começaram a ajudar na entrada e saída da escola. E os motoristas do transporte escolar também entenderam a necessidade de se atentar mais ao trânsito e suas sinalizações.

Com essa ideia, economizaram tempo e dinheiro.

Outra ideia que nasceu desse encontro foi a utilização de um aplicativo para organizar a fila de carros na porta da escola.

Depois das explicações dadas na palestra, dos cartazes, dos panfletos distribuídos e dos agentes de trânsito, a rua da escola ficou mais segura e muito melhor para transitar!

E, assim, Nico aplicou os quatro pilares da **Metodologia DSOP** e conseguiu realizar mais um sonho. Como diz o avô Amadeu: "é preciso esperar o tempo certo das coisas para o sonho se realizar".

Sabe o que mais Nico descobriu?

Que a Educação Financeira serve para um montão de coisas. Inclusive para uma aventura sobre o meio ambiente. Mas isso é uma outra história!

Reinaldo Domingos é PhD pela Florida Christian University, com teses sobre Educação Financeira e Educação Empreendedora embasadas na **Metodologia DSOP** e no **Método EMVI**. É presidente da Associação Brasileira de Profissionais de Educação Financeira (ABEFIN).

Educador e terapeuta financeiro, é autor com mais de 10 milhões de livros vendidos sobre o tema Educação Financeira, que contemplam o *long-seller Terapia financeira* e os livros *Por que enfrentamos crises e não estamos preparados?; Nome sujo pode ser a solução - quem não tem dívida, que atire a primeira pedra; Empreender Vitorioso com sonhos e lucro em primeiro lugar; Mesada não é só dinheiro; Eu mereço ter dinheiro; Sabedoria financeira; Ter dinheiro não tem segredo* e *ABCD da Educação Financeira*.

Nos segmentos infantil e infantojuvenil, escreveu as obras da Coleção Turma do Nico: *O Mistério da Praça Diamante; O Enigma da Ladeira Prateada; O Segredo da Vila Esmeralda; A Charada da Escola Rubi; O Sumiço na Biblioteca Safira; O Colecionador de Sonhos; A Semente dos Sonhos; A Menina do Rio* e *Diário dos Sonhos* (PNLD 2022). Publicou, também, uma coleção com os personagens da *Turma da Mônica: Como Cães e Gatos* e *Visita à Fazendinha*; e da *Turma da Mônica Jovem: O Sumiço do Cebola* e *Sem Sonhos*.

É autor, ainda, das séries *O Menino do Dinheiro; O Menino e o Dinheiro; O Menino do Dinheiro em Cordel* (PNLD 2018). No segmento internacional, publicou as obras *School Camp; The Garden; Journal of Dreams* e as séries *Money Boy; The Boy and the Money* e *Explorer*. É autor de quatro Coleções Didáticas de Educação Financeira - *Sonhos, Diversão, O Menino do Dinheiro* e *Educação Financeira*. É coautor de *Juventude Plural - Projeto de Vida*, obra de volume único, voltada para estudantes do Ensino Médio (PNLD 2021).

O autor publicou também *Um passeio seguro: uma história sobre educação para o trânsito com educação financeira* e *Meu pet cabe no meu bolso*.